Silvia Stillert

Medien in Kulturkonflikten - Der Journalist als kulturel- ler Vermittler?

Auslandsberichterstattung in Kulturkonflikten zwischen Anspruch und Wirklichkeit am Beispiel der Salman-Rushdie-Affäre

GRIN Verlag

Bibliografische Information der Deutschen Nationalbibliothek:

Die Deutsche Bibliothek verzeichnet diese Publikation in der Deutschen National-
bibliografie; detaillierte bibliografische Daten sind im Internet über http://dnb.d-
nb.de/ abrufbar.

Impressum:

Copyright © 2006 GRIN Verlag GmbH
Druck und Bindung: Books on Demand GmbH, Norderstedt Germany
ISBN: 978-3-638-91856-5

Dieses Buch bei GRIN:

http://www.grin.com/de/e-book/87213/medien-in-kulturkonflikten-der-journalist-
als-kultureller-vermittler

GRIN - Your knowledge has value

Der GRIN Verlag publiziert seit 1998 wissenschaftliche Arbeiten von Studenten, Hochschullehrern und anderen Akademikern als eBook und gedrucktes Buch. Die Verlagswebsite www.grin.com ist die ideale Plattform zur Veröffentlichung von Hausarbeiten, Abschlussarbeiten, wissenschaftlichen Aufsätzen, Dissertationen und Fachbüchern.

Besuchen Sie uns im Internet:

http://www.grin.com/

http://www.facebook.com/grincom

http://www.twitter.com/grin_com

FREIE UNIVERSITÄT BERLIN

Fachbereich Politik- und Sozialwissenschaften

Otto-Suhr-Institut für Politikwissenschaft

Seminar 15 280: Entwicklungsjournalismus zwischen Anspruch und Wirklichkeit –

Die Rolle der Medien im Rahmen von Konflikten und Friedenskonsolidierung

Hausarbeit

Medien in Kulturkonflikten-

Der Journalist als kultureller Vermittler?

Auslandsberichterstattung in Kulturkonflikten zwischen

Anspruch und Wirklichkeit am Beispiel der Salman

Rushdie-Affäre

Inhaltverzeichnis

1. Medien In Kulturkonflikten

„ 'Ausland' muss knallen - dramatisch oder bunt." [1] Dieses Zitat stammt von Sonia Mikich, ARD-Auslandskorrespondentin und Redaktionsleiterin des Politmagazins „Monitor"[2], die in ihrem Vortrag „Geistige Provinzialisierung" eine Trivialisierung der Auslandsberichterstattung beklagt und an die Aufgabe des Auslandsjournalisten als Augenzeuge appelliert.[3]

„Friedens-Journalismus ist friedens- und konfliktorientiert, d.h. er [u.a. Anm.] *berichtet (...)* <u>bevor</u> *es zu Gewalt kommt."* [4] Der Friedensforscher Johann Galtung hat Kriterien für eine friedens- und gewaltorientierte Berichterstattung in Konflikten aufgestellt. Das Konzept Galtung's offeriert eine Möglichkeit, wie der Journalist Konfliktverläufe positiv im Sinne einer vermeintlichen Lösung beeinflussen könnte.

Diese beiden Zitate werfen einen Blick auf Auslandsberichterstattung in Konflikten bzw. über Konflikte aus zwei unterschiedlichen Perspektiven.

Für den Journalisten ist es immer ein Balanceakt zwischen Anspruch und Wirklichkeit. Er muss Faktoren wie Quoten- und Aktualitätsdruck seiner Heimatredaktion, das Zuschauerinteresse, die Möglichkeiten vor Ort, die sowohl persönlich als auch beruflich beeinflusste Definition seiner Berufsrolle u.v.m. miteinander in Einklang bringen. Eine besondere Bedeutung kommt dem Journalisten darüber hinaus in *Kultur*konflikten zu, wo er in seiner Mittlerstellung zusätzlich als Übersetzer der Kulturen fungieren muss.

Medien in Kulturkonflikten - darauf wird die Autorin nachstehender Arbeit ihr Augenmerk richten: *Der Auslandsjournalist in Kulturkonflikten ist kultureller Vermittler.* Diese These gilt es zu überprüfen. Die zentralen Fragen dabei sind: Welchen Einflüssen ist der Korrespondent ausgesetzt? Welche Bedeutung als Sinn-Übersetzer kommt ihm innerhalb eines Kulturkonflikts zu? Kann er „kultureller Vermittler" sein? Als Praxis-Beispiel wird sie die Salman-Rushdie-Affäre heranziehen.

Im 2. Kapitel werden zunächst einmal die verwendeten Begrifflichkeiten defi-niert (Kap. 2.1.) und die Salman Rushdie-Affäre kurz dargestellt (Kap. 2.2.). Kapitel 3 widmet sich der Auslandsberichterstattung: Welche Funktion hat der Auslandskorrespondent

---

[1] Mikich, Sonia: *Geistige Provinzialisierung. Eine Zustandsbeschreibung.* In: Claudia Cipitelli/ Axel Schwanebeck (Hrsg.): Nur Krisen, Kriege, Katastrophen? Auslandsberichterstattung im deutschen Fernsehen. Dokumentation der 21. Tutzinger Medientage. S. 117-127. München : Verlag Reinhard Fischer, 2003. S. 119 [im Folgenden zitiert als: Mikich, S.: Geistige Provinzialisierung.].
[2] http://www.wdr.de/tv/monitor.mikich.phtml (Zugriff 13.04.2006).
[3] Ebd. S. 117-127.
[4] Galtung, Johan: *low road - high road.* In: track two, Vierteljahresschrift des Centre for conflict resolution and the media peace centre. Rondebosch, Republik Südafrika : 1998.

(Kap. 3.1.), wo sind seine Informationsquellen (Kap. 3.2.) und was wird letztlich in deutschen Medien überhaupt thematisiert (Kap. 3.3.)? Das 4. Kapitel beschäftigt sich mit weiteren Einflüssen auf die journalistische Arbeit: Welche Rolle spielen individuelle Ideologien (Kap. 4.1.) sowie berufliche Rollenbilder (Kap. 4.2.)? Hier wird auch die besondere Aufgabe der Sinn-Übersetzung in transkulturellen Kommunikationsprozessen herausgearbeitet (Kap. 4.3.) und Wirkungspotentiale erörtert (Kap. 4.4.). Im 5. Kapitel wird die bisherige Theorie beispielhaft an der deutschen Presse-Berichterstattung in der Salman Rushdie-Affäre untersucht: Welche Schwerpunkte lagen in der Thematisierung (Kap. 5.1.)? Welche Vorstellungsbilder wurden entwickelt (Kap. 5.2.) und was haben sie bewirkt (Kap. 5.4.)? Die Frage, ob die Journalisten hier als kulturelle Vermittler auftraten, wird geklärt (Kap. 5.3.). Das 6. Kapitel wird die Vermittlungsleistung der Medien in der Salman Rushdie-Affäre diskutieren (Kap. 6.1.) sowie Möglichkeiten und Grenzen in der Auslandsberichterstattung herausarbeiten (Kap. 6.2.).

Das letzte Kapitel 7 fasst die Ergebnisse dieser Arbeit zusammen und sucht eine Antwort zu geben auf die Frage: *Medien in Kulturkonflikten - Der Journalist als kultureller Vermittler?*

2. Begriffserläuterungen

2.1. Kulturkonflikt

Kultur (lat. cultura = Landbau, Pflege des Körpers und des Geistes) ist eine allgemeine Bezeichnung für die Zivilisationsleistung der Völker. Er umfasst alle Denk- und Handelsweisen, die in einer Gemeinschaft von Menschen entstanden sind und verwirklicht werden.[5]

Konflikt bezeichnet hier eine wahrgenommene Unvereinbarkeit von Sichtweisen zwischen Interaktionspartnern, deren Kommunizieren aufeinander bezogen ist. Diese Unvereinbarkeit kann subjektiv auch nur von einer der Konfliktparteien wahrgenommen werden.

Kulturkonflikt wird definiert als ein Konflikt, der aufgrund unterschiedlicher Kulturzugehörigkeit von Personen entsteht, wenn diese miteinander in Interaktion treten.[6]

---

[5] Burkhart, Walter (Hrsg.): *Großes Universal Lexikon.* Schweinfurt : Schweinfurter Tagblattdruckerei, 1982. S. 1181.
[6] http://perso.uni-lueneburg.de/index.php?id=144 (Zugriff 07.04.2006).

2.2 Salman Rushdie-Affäre

Der Autor Salman Rushdie wurde 1947 in Bombay geboren und studierte in Cambridge Geschichte. Seine Bücher sind vielfach ausgezeichnet und in mehrere Sprachen übersetzt worden.[7]

Kurz nach der Veröffentlichung seines Romans „Die satanischen Verse" im Jahre 1988 verurteilte der iranische Staatsführer und geistliches Oberhaupt der Schiiten Ajatollah Khomeini Salman Rushdie 1989 mit einem islamischen Rechtsgutachten, genannt „fatwa"[8], wegen Lästerung der „heiligen Güter der Muslime" zum Tode.[9] Er rief die Moslems aller Welt zur Vollstreckung auf und setzte dafür sogar Kopfgeld aus.[10] Auf politischer Ebene hielt sich ein Konflikt nicht lange, die westlichen Regierungen stellten ihre diplomatischen Beziehungen zum Iran schon bald wieder her. Doch auf kultureller Ebene entwickelte sich die Affäre schnell zu einer Wertefrage. So entstand ein weitreichender Kulturkonflikt zwischen dem westlichen Anspruch der Menschenrechte und dem islamischen Religionsempfinden. Salman Rushdie selbst sah im Islam und dem Westen „zwei kriegerische[n] Hälften der Welt".[11]

1998 distanzierte sich die Regierung Teheran in einer offiziellen Erklärung von dem Todesurteil, fundamentalistische Kreise halten aber weiter daran fest.[12]

3. Auslandsberichterstattung

3.1 Funktion des Auslandskorrespondenten

Die globale Informationsvernetzung und das Tempo, in dem neue Nachrichten die Redaktionen weltweit erreichen, fordern vom Auslandkorrespondenten heute mehr als bloße Informationsvermittlung. Oft sind die Redaktionen durch direkte permanente Belieferung der Nachrichtenagenturen schon schneller informiert als der Korrespondent vor Ort. Und auch die Zuschauer erwarten von ihm nicht mehr nur die Schilderung der Ereignisse, die sie oftmals schon selbst als Tourist erlebt haben.[13]

---

[7] Rushdie, Salman: *Die satanischen Verse*. Übersetzt aus dem Englischen. München : Droemersche Verlagsanstalt Th. Knaur, 1997 [Titel der Originalausgabe: „The satanic Verses". London, 1988.].
[8] http://www.chiark.greenend.org.uk/~owend/interests/islam/fatwa.html (Zugriff 30.04.2006).
[9] Hafez, Kai: *Die politische Dimension der Auslandsberichterstattung. Band 2: Das Nahost- und Islambild in der deutschen überregionalen Presse*. Baden-Baden : Nomos Verlagsgesellschaft, 2002. S. 240-241 [im Folgenden zitiert als: Hafez, K.: Das Nahost- und Islambild.].
[10] http://de.wikipedia.org./wiki/Salman_Rushdie (Zugriff 13.04.2006).
[11] Hafez, K.: Das Nahost- und Islambild. S. 240-241.
[12] http://de.wikipedia.org./wiki/Salman_Rushdie (Zugriff 13.04.2006).
[13] Wagner, Martin: *Auslandskorrespondent/in für Presse, Radio, Fernsehen und Nachrichtenagenturen*. München : Paul List Verlag, 2001. S. 13, 14 [im Folgenden zitiert als Wagner, M.: Auslandskorrespondent/in.].

Der Anspruch an den Auslandskorrespondenten enthält neben der informierenden auch eine interpretierende und politische Funktion: Auslandsberichterstattung soll dem Medienrezipienten einen Überblick über das Weltgeschehen bieten und zugleich bei der Orientierung der Ereignisse helfen. Ihre politische Funktion besteht in der Aufgabe der Völkerverständigung.

Doch das beinhaltet in der Praxis Probleme. Angefangen bei der Informationsfunktion. Ein Korrespondent ist oft für mehrere Länder zuständig. Die politischen und kulturellen Verschiedenheiten in all diesen Ländern sind viel zu groß, als dass sie von *einem* Korrespondenten oder Redaktionsteam angemessen aufgearbeitet werden könnten.[14] Des Weiteren ist Ausland oft nur Thema in Verbindung mit Konflikten[15], d.h. es gelingt im Sinne einer objektiven und umfassenden Informationsvermittlung nicht, die Länder des zu „betreuenden" Berichtsgebietes wahrheitsgetreu von allen Seiten darzustellen.

Die Interpretationsfunktion wird beeinträchtigt durch Quotendruck, der oft journalistische Sensationsgier mit sich bringt. Zum Problem wird hier auch die Schnelligkeit des Informationstempos, in dem die Nachricht an die Redaktionen weitergeleitet werden muss, worunter die Gründlichkeit der Recherche leidet. Gerade in Kriegen und Konflikten ist journalistische Sorgfalt jedoch geboten, um nicht als Propagandamedium oder -verstärker zu fungieren. Auslandsberichterstattung leidet hier oft unter Eurozentrismus, d.h. die westliche Betrachtungsweise bei Interpretationen dominiert, und Ethnozentrismus, d.h. andere Ethnien werden nicht ernst genug genommen.

Um die politische Funktion idealtypisch zu realisieren, braucht es eine Verbesserung der Arbeitsbedingungen für den Korrespondenten, um z.B. finanziellen Spielraum zu haben, sich den Weg zu den wichtigen politischen Kreisen offen zu halten. Ohne das Erkennen des wirklichen Lebens des Landesvolkes und das Verständnis für die Wahrheit in der politischen Sprache kann ein Journalist nicht der Aufgabe einer Völkerverständigung nachkommen.[16]

3.2 Informationsbeschaffung im Ausland

Der Auslandskorrespondent darf auf seinen Reisen im Berichtsgebiet nie von Informationen abgeschnitten sein, wobei das Internet eine große Hilfe ist. In jedem Land sollte er einen Ansprechpartner haben, den er im Notfall zur Recherche beauftragen kann. Persönliche

---

[14] Schwanebeck, Axel: *Die Welt im Wohnzimmer*. In: Claudia Cipitelli/ Axel Schwanebeck (Hrsg.): Nur Krisen, Kriege, Katastrophen? Auslandsberichterstattung im deutschen Fernsehen. Dokumentation der 21. Tutzinger Medientage. S. 13-30. München : Verlag Reinhard Fischer, 2003. S. 14-16 [im Folgenden zitiert als: Schwanebeck, A.: Die Welt im Wohnzimmer.].
[15] Mikich, S.: *Geistige Provinzialisierung*. S. 118.
[16] Schwanebeck, A.: *Die Welt im Wohnzimmer*. S. 17-28.

Beziehungen sind das A und O; ein gutes Informantennetz macht es einfach, an wichtige und qualitative Informationen zu kommen. Grundlegende Informationsquelle im Ausland sind die einheimischen Medien. Ständige mediale Konsumierung und Selektion, *was* davon für die deutschen Rezipienten interessant sein könnte, setzt das Wissen um die politische Einordnung, wirtschaftliche Organisation und Interessen sowie die Kenntnis um den „Mann" hinter der Information voraus. Auch einheimische Kollegen sind gut geeignet, die Politik des Landes zu interpretieren und um von ihrem Hintergrundwissen zu profitieren. Zudem können sie wichtige Kontakte herstellen.

Offizielle Kontakte, Adressen und Telefonnummern wie Regierungspresseamt und Außenministerium gehören weiterhin zum Informationsnetzwerk des Auslandskorrespondenten. Am Besten sollte er aber überall jemand persönlich kennen, was ihm diverse Eintritte und Möglichkeiten der Akkreditierung eines z.b. gefragten Interviewpartners erleichtern kann.

Bestseller, politische Literatur, Nachschlagewerke dienen der Informationsbeschaffung ebenso. Sie helfen einzuordnen, Prioritäten und Zusammenhänge zu erkennen.

Die Stimmung im Land gilt es zu erfassen, Begegnungen und Gespräche mit den Menschen im Land können dabei interessante Aufschlüsse liefern. Der Korrespondent muss sich Menschen völlig anderer Kulturkreise und sozialer Schichten nähern können. Er muss „sein Land" verstehen, die Kultur vorurteilsfrei erfühlen, die Menschen ernst nehmen. Das was er so beobachtet gilt es dem deutschen Zuschauer, Leser, Hörer zu beschreiben und zu vermitteln.[17]

3.3 Thematisierung ausländischer Geschehen in den deutschen Medien

Eine Untersuchung von „Media Perspektiven" (2002) ergab, dass es im Rahmen der Medialisierung von Auslandspolitik meist um Kriege, Konflikte und innere Unruhen geht.[18] „4 K's" der Berichterstattung über das Ausland macht Sonia Mikich aus: Krieg, Katastrophe, Krise, Krankheit. Menschliche Themen, am ehesten mit Bezug zu Deutschen sind es, die Eingang in die Berichterstattung finden. Einher geht damit die Gefahr der Klischeebildung fremder Kulturen und Länder - ein Schwarz-Weiß-Denken, um Komplexität zu reduzieren. Medien müssen Ähnlichkeiten mehr hervorheben, um Rassismus vorzubeugen

---

[17] Wagner, M.: *Auslandskorrespondent/in.* S. 70-113.
[18] Cipitelli, Claudia: *Auslandsberichterstattung im deutschen Fernsehen. Ein Überblick.* In: Claudia Cipitelli/ Axel Schwanebeck (Hrsg.): Nur Krisen, Kriege, Katastrophen? Auslandsberichterstattung im deutschen Fernsehen. Dokumentation der 21. Tutzinger Medientage. S. 9-12. München : Verlag Reinhard Fischer, 2003 [im Folgenden zitiert als: Cipitelli, C.: Auslandsberichterstattung.] S. 10.

oder Vorurteile zu entkräften. So kann Auslandsberichterstattung seine politische Funktion *positiv* ausüben.[19] Denn was für Kriege zwischen Kulturen oder Religionen gehalten wird, ist oft etwas anderes. Zum Problem führen nicht die Kulturen, sondern ihre Ideologisierung.[20] Die Thematisierung hängt auch von der Themenauswahl der konkurrierenden Medien ab. Der Auslandskorrespondent hat dann noch die Möglichkeit, deutsche Debatten um ausländische Perspektiven zu erweitern.[21] Journalisten sind hier in der Bedrouille, denn sie müssen *das* liefern, was die Redaktion von ihnen erwartet. Und diese Erwartung wird nicht zuletzt beeinflusst von Verkaufszahlen und Einschaltquoten.[22]

Thematisierung eines Auslandsgeschehens erfolgt, wenn mehr als individuelle Relevanz besteht, wofür auch Teilöffentlichkeiten ausreichen, und wenn zudem eine Soll-Ist-Diskrepanz vorhanden ist, d.h. wenn die Ereignisse Handlung und Veränderung erfordern. Das subjektive Relevanzempfinden eines Themas kann von der tatsächlichen, langfristig gesellschaftlichen Relevanz abweichen.[23]

Zudem richtet sich die Wahl der Themen in den Redaktionen nach zuschauerorientierten Nachrichtenwerten wie z.B. Nähe[24] oder Ethnozentrismus. Oft findet sich eine Verknüpfung zwischen In- und Auslandsberichterstattung, wenn durch ausländisches Geschehen Anschlussdiskurse im Heimatland entstehen. Ein Beispiel: Muslime in Bradford, England (Inland) verbrennen Bücher von Salman Rushdie (Ausland). Auslandsberichterstattung besteht also nur zu einem Teil aus Berichten über auswärtiges Geschehen und ist meist eine Mischform.[25]

4. Zwischen Anspruch und Wirklichkeit

4.1 Individuelle Ideologien als Einflussgröße

Die individuelle politische Sozialisation vollzieht sich in der Ausbildung von Werthaltungen und Ideologien, die in einer Phase vor dem Berufseintritt erfolgt.

---

[19] Mikich, S.: *Geistige Provinzialisierung.* S. 118-125.
[20] Hafez, Kai: *Religionskriege in Reinform gibt es nicht.* In: Friedrich-Ebert-Stiftung: Medien im Konflikt - Mittäter oder Mediatoren? Internationale Konferenz. S. 75-80. Berlin, 11. Mai 2000. [im Folgenden zitiert als: Hafez, K.: Religionskriege.]S. 76-79.
[21] Wagner, M.: *Auslandskorrespondent/in.* S. 176.
[22] Zint, Martin: *Zur Rolle von Medien in Konflikten.* In: Friedrich-Ebert-Stiftung: Medien im Konflikt - Mittäter oder Mediatoren? Internationale Konferenz. S. 25-30. Berlin, 11. Mai 2000. [im Folgenden zitiert als: Zint, M.: Zur Rolle von Medien in Konflikten.] S. 25, 26.
[23] Hafez, Kai: *Die politische Dimension der Auslandsberichterstattung. Band 1: Theoretische Grundlagen.* Baden-Baden : Nomos Verlagsgesellschaft, 2002. S. 110, 111 [im Folgenden zitiert als: Hafez, K.: Theoretische Grundlagen.].
[24] Wagner, M.: *Auslandskorrespondent/in.* S. 177.
[25] Hafez, K.: *Theoretische Grundlagen.* S. 175, 176, 185.

Persönliche Prädispositionen des Auslandskorrespondenten werden sich auf seine Berichterstattung auswirken und die Thematisierung oder Nicht-Thematisierung sowie Kommentierungen beeinflussen. Nach einer Studie von Ruth C. Flegel und Steven H. Chaffee in „Journalism Quarterly" (1971) werden Medienberichte mehr von persönlichen Einstellungen des Journalisten als von Seiten der Herausgeber oder Zeitungsleser beeinflusst. Stereotype können Einfluss auf die Berichterstattung nehmen. In der deutschen Auslandsberichterstattung finden sich häufig Annahmen einer festen Typologie des orientalistischen Individuums oder der Kultur, die den Kern von Rassismen bilden kann.[26]

4.2 Journalistische Rollenmodelle als Einflussgröße

Die berufliche Sozialisation des Auslandsjournalisten ist von drei Faktoren stark geprägt: Erstens von der Routine der Nachrichtenselektion und -verarbeitung, die innerhalb der Redaktionen erlernt wird und die nur durch die Frage, was man glaubt, was die anderen wohl berichtenswert empfinden, individuellen Spielraum erhält. Ansonsten unterliegt sie klaren, festgelegten Arbeitsabläufen. Zweitens durch formulierte berufliche Rollenmodelle und drittens durch Professionalitätsnormen, die politische sowie berufliche Einflüsse durch medienethische Grenzen versuchen einzudämmen.

Hier sei näher auf die journalistischen Ideal-Rollenmodelle eingegangen. Berufsrollenbilder können Einfluss auf die Auslandsberichterstattung haben, weil sie im Grunde die gesellschaftliche Wirkung und Bedeutung der Auslandsberichterstattung widerspiegeln. Will der Journalist seine individuellen Ideologien an den Rezipienten vermitteln und gesellschaftlich relevant machen, wird er sich eines solchen Berufsrollenverständnisses bedienen.

Die Berufsrolle „neutraler Informant" geht von einer objektivierbaren und existierenden Realität aus, die lediglich wiedergegeben werden müsste. Der konstruktive Charakter der Realität bleibt unbeachtet. Jedoch kann diese Rolle eine Maxime an die Subjektivität des Journalisten sein, der sich dadurch einer gewissen Selbstkontrolle unterzieht. Gleichzeitig kann das aber auch dazu führen, zu einem Sprechorgan für Politiker und Vertreter im öffentlichen Leben zu werden, deren Ansichten man unkommentiert verbreitet.

Der „Mitgestalter in der Außenpolitik" hat hingegen schon eine aktive Mitwirkungsrolle, tritt aber im westlichen demokratischen Journalismus hinter dem Neutralitätsanspruch in den Hintergrund.

---

[26] Hafez, K.: *Theoretische Grundlagen*. S. 73-77.

Die politische Mitgestaltung kann als „Repräsentant der Öffentlichkeit" erfolgen, der die öffentliche Meinung der Bevölkerung bei internationalen Themen als Feedback an die Politik transferiert. Als „Kritiker der Außenpolitik" versteht sich das Medium als so genannte vierte Gewalt und fördert die Darstellung von Fehlentwicklungen in der internationalen Politik. Weniger verbrietet unter den Journalisten ist die Auffassung eines „Advokaten der Außenpolitik", der alternative Politikrichtungen vorschlägt.

Die berufliche Rolle wird von vielen Auslandskorrespondenten auch als „Vermittler zwischen den Kulturen" und Übersetzer fremder Phänomene für die Bevölkerung im Heimatland verstanden. Die Annahme einer solchen Notwendigkeit birgt das Problem in sich, dass zwei Kulturen als unterschiedliche und fremde Pole angesehen werden.[27]

Zwischen individuellen und beruflichen Einflussgrößen kann es auch zu Spannungsverhältnissen kommen, was sich z.b. in Form von argumentativen Widersprüchen in den Auslandsberichten niederschlägt.[28]

4.3 Vermittlerstellung in transkultureller Kommunikation

Wenn verschiedene Kulturen miteinander in Kommunikation treten, dann spricht man von transkultureller Kommunikation. Es geht dabei nicht um Kommunikation über staatliche-, sondern über Grenzen zwischen Kulturgemeinschaften.[29]

Kommunikation ist immer ein Prozess von Zeichenkodierung und -enkodierung: Ein Sender übermittelt seine Botschaft durch Zeichen, (ein) Empfänger interpretiert das Zeichen und erhält *die* bzw. eine Botschaft. Im Massenkommunikationsprozess übernimmt der Journalist eine Mittlerstellung bei der Übersetzung von Bedeutungen. Für die Auslandsberichterstattung bedeutet das, ganze Kulturen werden zu Symboleinheiten, die der Journalist selbst erst einmal entschlüsseln und anschließend der heimischen Bevölkerung vermitteln muss. Das Publikum seinerseits wird die empfangene Botschaft erneut dekodieren, ihr eine Bedeutung zuweisen.

Kultur	**→Dekodierung**	**→Enkodierung**	**→Dekodierung**
	(Journalist/Medium)	(Auslandsberichterstattung)	(Medienkonsument)

---

[27] Hafez, K.: *Theoretische Grundlagen*. S. 77-84.
[28] Hafez, K.: *Theoretische Grundlagen*. S. 181.
[29] Kleinsteuber, Hans J.: *Der Dialog der Kulturen in der Kommunikationspolitik*. In: Claudia Cipitelli/ Axel Schwanebeck (Hrsg.): Nur Krisen, Kriege, Katastrophen? Auslandsberichterstattung im deutschen Fernsehen. Dokumentation der 21. Tutzinger Medientage. S. 145-189. München : Verlag Reinhard Fischer, 2003. S. 154.

Der Journalist besitzt hier großes Wirkungspotential, seine Berichterstattung kann Kulturkonflikte auslösen, schärfen oder beschleunigen. Denn er ist Sinn- und Bedeutungsübersetzer kultureller Zeichensysteme, da vermittelnde Kulturkommunikation über die *Medien* stattfindet.

Seine Enkodierungsleistung der kulturellen Zeichensysteme hängt weitestgehend davon ab, wie er den Kulturbegriff definiert: Die essentialistische Definition geht immer von zwei verschiedenen Kulturen aus, zwischen denen kommuniziert wird und zwischen denen auch ein Konflikt entstehen kann. Nach dieser Definition wird der Journalist eher kulturelle Bedeutungsunterschiede hervorheben.

Die synkretistische Definition basiert auf der Annahme von Gemeinsamkeiten und Vermischung von Kulturelementen. Hierbei gibt es keine abgrenzbaren Kulturen, so dass ein „Kulturkonflikt" in dem Sinne ersterer Definition gar nicht entstehen kann. Der Auslandsjournalist wird nach der synkretistischen Definition in seiner Berichterstattung Bedeutungsähnlichkeiten der Kulturen betonen.

Um ein Mindestmaß an Bedeutungsübereinstimmung zwischen Journalist/ Medien und Konsumenten zu sichern, lehnen Auslandskorrespondenten kulturelle Bedeutungskodierungen oft an die Neigungen der Konsumenten an. Dann wird mit Kultur- und Nationen-Stereotypen gearbeitet. In der westlichen Berichterstattung finden sich demnach vielerorts in den Medien auch *dort* kultur-religiöse Erklärungen, wo es sich um poltisch-soziale Vorgänge handelt, weil es einfacher vermittelbar ist.[30]

4.4 Wirkungspotentiale der Auslandsberichterstattung

Wirkungspotentiale der Auslandsberichterstattung müssen differenziert werden in Wirkung auf Außenpolitik und auf Öffentlichkeit.

Eine Umfrage unter amerikanischen außenpolitischen Beratern ergab, dass 2/3 der Befragten meinen, dass Medien die Themenagenda in der Politik und das Verständnis der Bedeutung eines Themas beeinflussen können. Dieser Einfluss bezieht sich nur auf die Art der Thematisierung, nicht auf die Inhalte. Politiker haben einen geringen Orientierungsbedarf, da sie gut informiert sind und direkten Kontakt und eine eigene Anschauung zum Auslandsgeschehen haben.[31] Ganz im Gegenteil sind Politiker manchmal selbst Manipulatoren der Medien und versuchen, sie für bestimmte Zwecke einzusetzen. Und wenn die Informationsmöglichkeiten für die Medien begrenzt sind, bleibt ihnen oftmals keine

[30] Hafez, K.: *Theoretische Grundlagen.* S. 163-169, 186, 178.
[31] Hafez, K.: *Theoretische Grundlagen.* S. 119, 120.

andere Möglichkeit, als sich *der* Quellen anzunehmen, die offenbar eine konkrete Absicht verfolgen. So gibt es neben der aktiven Rolle der Medien eine Wechselwirkung und - beeinflussung von Medien und Politik aufeinander.[32]

Auslandsberichterstattung kann also einen Thematisierungsdruck auf die Politik bewirken sowie Druck ausüben auf das Tempo, in dem politische Entscheidungen gefällt werden. Die Rolle eines „Mitgestalters der Außenpolitik" (siehe Kap. 4.2.) hat dabei eher das Ziel der Repräsentanz eines Themas als Einflussnahme auf inhaltlicher Ebene.

Die Wirkung der Auslandsberichterstattung auf die Öffentlichkeit ist abhängig von dem Orientierungsbedarf und dem persönlichen Kontakt zum Thema seitens der Rezipienten.[33] Auch wenn die Menschen sich durch wachsenden Tourismus und globale Vernetzungen immer mehr selbst eine eigene Meinung bilden können, so stützen die Zuschauer, Leser und Hörer von Medien ihr Wissen von der Welt doch weitestgehend auf die interpretierten Ereignisse, die sie vorgesetzt bekommen.[34] Aufgrund dieser Informationsabhängigkeit haben die Medien hier ein hohes Maß an Thematisierungs- und Strukturierungsfreiraum. Ohne mediale Thematisierung ließe sich ein öffentliches Themeninteresse für Auslandsgeschehen kaum wecken. Das Wirkungspotential ist noch größer: Untersuchungen zufolge gibt es eine Beziehung zwischen Nationenbildern und der Auslandsberichterstattung, was darauf hindeutet, dass die Konfliktperspektive auf ausländische Themen (siehe Kap. 3.3.) hohes Wirkungspotential auf Auslandsbilder der Öffentlichkeit hat.

Der Journalist als kultureller Vermittler und Vermittler von Nationen hat eine deutlich höhere Wirkungsmacht als Journalisten im Lokalbereich, im Nahbereich der Rezipienten. Es gilt: Auslandsberichterstattung ist medial vermitteltes Auslandsbild.[35] „Geschichtenschreiber", so bezeichnet sich sogar manch Auslandskorrespondent selbst. Denn *er* ist es letztendlich, der als Vermittler das Ausland in die Heimat bringt.[36]

---

[32] Bindig, Rudolf: *Medien als politischer Faktor im Tschetschenien-Konflikt.* . In: Friedrich-Ebert-Stiftung: Medien im Konflikt - Mittäter oder Mediatoren? Internationale Konferenz. S. 91-94. Berlin, 11. Mai 2000. S. 91-94.
[33] Hafez, K.: *Theoretische Grundlagen.* S. 119-121.
[34] Cipitelli, C.: *Auslandsberichterstattung.* S. 11.
[35] Hafez, K.: *Theoretische Grundlagen.* S. 121-123, S. 179.
[36] Cipitelli, C.: *Auslandsberichterstattung.* S. 11.

5. Beispiel: Salman Rushdie-Affäre

5.1 Thematisierung in der deutschen Presse

Die „fatwa" Khomeinis sowie die Verhängung eines Kopfgeldes wurden in der deutschen Presse stark thematisiert. Die Jahrestage des Todesurteils dienten vielfach als Aufhänger für Zwischenresümees. Die Aspekte der Thematisierung waren vielfältig: Vom persönlichen Schicksal Rushdies über Unruhen in verschiedenen Ländern bis hin zur Weigerung der Lufthansa, den Autor zu transportieren. Schnell war die Nachrichtenschwelle für alle in diesem Zusammenhang stehenden Ereignisse niedrig.[37]

Auf das islamische Rechtsgutachten reagierte die deutsche Presse vor allem mit der Hervorhebung der Menschenrechte, verbunden mit dem Recht auf Meinungsfreiheit. Da es sich hierbei um europäisch errungene aufklärerische Grundwerte handelt, die für unsere demokratische Gesellschaft unverhandelbar sind, gab es Überschriften wie *„Nie mehr dort, wo wir mal waren"*.

Die Veröffentlichungs-Verweigerung des Buches von Seiten des Verlages und des Börsenvereins des deutschen Buchhandels brachten Reaktionen hervor, die dieses Verhalten als „Mitläufer[tum] Khomeinis" bezeichneten. Über die Vorveröffentlichung von Teilen des Werkes in der deutschen Presse gab es kontroverse Meinungen. Die Frage im Hintergrund war: Wie weit kann und muss man für Meinungsfreiheit gehen?

Die Boulevardpresse befasste sich stärker mit persönlichen Aspekten rund um Salman Rushdie als mit der Menschenrechtsfrage.[38]

5.2 Entwicklung von Medien- und Vorstellungsbildern

Bei der Formulierung positiver Aspekte der Meinungsfreiheit in den Medien ist eine Tendenz zur Ideologisierung erkennbar, denn die unterschiedliche Handhabung und die Grenzen auch in Europa (z.B. Blasphemiegesetze in England) wurden nicht erwähnt. Der Menschenrechtsbegriff wurde zum ideologischen „Kampfbegriff".[39]

Die Berufung auf den Universalitätsanspruch der Meinungsfreiheit hervorgehend aus der Menschenrechtserklärung der Vereinten Nationen von 1948 [40] basiert auf den

---

[37] Eine Auflistung an Publikationen finden sich in den Fußzeilen in Hafez, K.: Das Nahost- und Islambild. S. 242.

[38] Hafez, K.: Das Nahost- und Islambild. S. 241-245.

[39] Hafez, K.: Das Nahost- und Islambild. S. 246.

[40] http://www.justice-for-peace.org/allgemeine_menschenrechtserkl%C3%A4rung.htm (Zugriff 30.04.2006).

verfassungsgemäßen Grundrechten Deutschlands. Diese Betonung führte zu einer Tendenz zur verallgemeinernden Polarisierung zwischen einer westlichen Haltung, die menschenrechtskonform geprägt ist und einer islamischen, die es *nicht* ist. In seltenen Fällen fanden sich zumindest Unterscheidungen zwischen „Muslimen" und „Fundamentalisten", zumeist war aber von einer Unverträglichkeit des Islams und dem Westen zu lesen. Viele Intellektuelle reagierten empört darauf, solche künstlichen Grenzen zu ziehen: Die Ideologie betonte Debatte in den Medien schüre Vorurteile in den Vorstellungsbildern von Muslimen und den Islam in der deutschen Bevölkerung.

Wie ging eigentlich die islamische Welt selbst mit dem Thema um? Khomeinis „fatwa" stieß überwiegend in nichtarabischen Ländern auf große Resonanz, dort, wo die Stellung Mohammeds besonders hoch ist. In den arabischen Ländern fand Khomeini nur bei radikalen Gruppierungen wie der Hisbollah Anklang. Schon im März 1989 hatten Künstler und Intellektuelle in Syrien Khomeinis Regime als tyrannisch und der Religion schadend bezeichnet. 1993 gab es ein Sammelband von über hundert namhaften Intellektuellen, die sich für Rushdie einsetzten. In Saudi-Arabien wurde gefordert, Rushdie erst vor ein Gericht zu stellen, da er nur mit rechtsgültigem Urteil zum Tode verurteilt werden könne.

Die öffentliche Diskussion in den islamischen Ländern war hauptsächlich geprägt von der Forderung eines Publikationsverbotes der „Satanischen Verse", zugleich aber einer Ablehnung des Todesurteils Khomeinis. Kritiker nahmen u.a. Anstoß an dem Buch, weil der Prophet Mohammed „Mahound" genannt wird[41] - ein Schimpfname, der während des Mittelalters im Englischen und Französischen eine Verfälschung des Namens darstellte und „der Teufel" bedeutete.[42] Zudem tragen in dem Werk Prostituierte Namen der Frauen des Propheten etc. Und so mehrten sich Proteste gegen die Verletzung der Schutzzonen des Islams. Erst als Reaktion *darauf* verkündete Ajatollah Khomeini das Todesurteil. Der Kulturkonflikt fand also in viel kleinerem Rahmen statt. Es ging nicht um einen Konflikt zwischen westlichem Lebensschutz und islamischer Willkür mit der Unversehrtheit des Individuums, sondern um einen Konflikt über die Freiheit im Falle von Gotteslästerung.

Doch weder die öffentliche Meinung in den arabischen Ländern noch die Reaktionen von Intellektuellen und Politik noch die eigentlich religiös motivierte Empörung fand in der deutschen Presse Beachtung.

---

[41] Hafez, K.: Das Nahost- und Islambild. S. 247-251.
[42] Rushdie, Salman: *Die satanischen Verse*. Übersetzt aus dem Englischen. München : Droemersche Verlagsanstalt Th. Knaur, 1997. S. 712.

Eine außereuropäische Religion wie der Islam wird in europäischen, christlichen Blasphemiegesetzen nicht geschützt und findet keinen Boden, so dass die Medien eine Erörterung dieser Religionsfragen als einen Widerspruch zum universalen Menschenrechtsanspruch ansahen und zurückwiesen. Dabei sind ja auch in Europa Blasphemiefragen immer wieder ein öffentliches Thema.

Die Vorstellungsbilder, die die deutsche Presse schuf, waren von ideologischem Charakter uns zielten auf eine generelle Unvereinbarkeit des restriktivem Islam mit dem errungenen Menschenrechtstopos des Westens. Der tatsächliche Akzent der

Debatte, nämlich die Blasphemiefrage, ging in der Berichterstattung unter.[43]

5.3 Bedeutungsübersetzung kultureller Zeichen

Wie in Kap. 4.3. ausgeführt, verlangt die journalistische Auslandsberichterstattung neben sprachlicher vor allem kulturelle Übersetzung: Dekodierung von Symbolen und Diskursen. Im der Salman Rushdie-Affäre bedienten sich die Korrespondenten dabei überwiegend der essentialistischen Definition des Kulturbegriffs. Synkretistische Deutungen, die Kulturelemente vermischen, konnten in der Studie von Kai Hafez nicht nachgewiesen werden. Hervorgehoben wurden deutlich Unterschiede im Menschenrechtsverständnis und somit unüberwindbare Differenzen zwischen westlicher und islamischer Kultur.

Eine Kultur übergreifende Perspektive in der Berichterstattung fand nicht statt, obwohl es dafür mögliche Ansätze gab. So kann das Todesurteil als Strafe für Blasphemie nicht für den gesamten Islam geltend gemacht werden. Weder der orthodoxe Islam noch moderne Islamauffassungen gehen synonym mit dem Todesurteil als Strafe für Blasphemie, was die deutsche Presse als allgemeingültig für den Islam darstellte. Was die Frage der Einschränkung der Meinungsfreiheit in Fällen von Blasphemie betrifft, so war im öffentlichen Diskurs islamischer Staaten das Verbot der „Satanischen Verse" verbreitet. Doch Grenzen der Meinungsfreiheit zum Schutz der christlichen Religion finden sich auch in Europa. Es gibt als Kultur übergreifende Ähnlichkeiten, die in der deutschen Presse so nicht betont wurden.

Den Koran generell als unvereinbar mit Menschenrechten darzustellen, ist eine falsche Dekodierung dieses islamischen Kulturelements. Denn auch im Koran finden sich zahlreiche Freiheitsrechte wieder, u.a. das Recht auf Meinungs- und Redefreiheit.

Der Kulturkonflikt bestand innerhalb des Kulturraumes, nämlich in der Frage der Einschränkung der Meinungsfreiheit bei Blasphemie. Der Konflikt wurde aber in der

---

[43] Hafez, K.: Das Nahost- und Islambild. S. 251-253.

13

Auslandsberichterstattung auf die Ebene eines Konflikts zwischen Islam und Western gehoben. Die Dekodierung der Kultur und die damit verbundene Annahme einer generellen Wertedifferenz waren demnach nicht korrekt, vielmehr entsprach *das* einem Islambild, wie es in der überwiegenden Mehrheit der europäischen Bevölkerung vorhanden ist.

Der islamische Wertekontext wurde in weiten Teilen der deutschen Presse aus einer lediglich allgemeinen Kenntnis des Islam und des Korans gebildet. Das Ziel einer transkulturellen Vermittlung wurde dadurch verfehlt. Auslandskorrespondenten hätten die Diskurse in islamischen Ländern verfolgen müssen, denn dann wäre heraus gekommen, dass in islamischen Staaten die Frage der Menschenrechte genauso wenig auf der Agenda stand wie im Westen die Frage der Sanktionen bei Blasphemie.

Trotz technischer Möglichkeiten der Informationsbeschaffung und der Nachrichtenvernetzung fanden im Falle Rushdie separate Diskurse statt. Das ist nicht das Ziel transkultureller Vermittlerleistung.[44]

5.4 Wirkungen der Berichterstattung

Die mediale Verbreitung eines Auslandsbildes, das auf Kulturdifferenzen basiert, kann außenpolitische Debatten in der Öffentlichkeit und die Definition des Konfliktes in der Politik fördern (siehe Kap. 4.4.). In der Salman Rushdie-Affäre entwickelte sich zwischen den Medien und der Öffentlichkeit eine Art Allianz, d.h. es gab einen Konsens von Weltanschauungen, was in Verteidigungsaktionen von Rushdies Lebensrecht - nicht zuletzt über die Presse - zum Ausdruck kam.

Die öffentliche Behandlung des Themas entwickelte sich bis hin zu einer Infragestellung der multikulturellen Gesellschaft. Die Verknüpfung des Themas der mit der Frage nach dem Gelingen einer multikulturellen Gesellschaft führte u.a. dazu, dass in der Presse geäußert wurde, die Salman Rushdie-Affäre habe in Deutschland Angst vor Muslimen gefördert.

Woher kam der Diskurs über die (Un-)Möglichkeit einer multikulturellen Gesellschaft? Hier wird die Wirkungskompetenz des Auslandskorrespondenten deutlich. Denn erstens wurde durch die Darstellung der Unvereinbarkeit von Islam und Menschenrechten ein Thema auf die öffentliche Agenda gesetzt, das eine derartige Diskussion über Konflikte zwischen Minderheiten und Mehrheitsgesellschaften schürte. Zweitens wurde zwar viel *über* den Islam, aber wenig *mit* den Muslimen geredet. Das gilt auch für die Kommunikation innerhalb

---

[44] Hafez, K.: Das Nahost- und Islambild. S. 254-260.

Deutschlands. Dass solche Stellungnahmen zur Salman Rushdie-Affäre fehlten, gab der ideologischen Debatte unreflektierten Nährboden.

Die mediale Vermittlung auswärtigen Geschehens ist somit bedeutsam für den Diskurs über gesellschaftliche Entwicklungen. Das Medienbild reflektiert auf die „multikulturelle Gesellschaft".[45]

6. Diskussion

6.1 Vermittlungsleistung in der Salman Rushdie-Affäre

„Nichts ist einfacher als ein Vorurteil bestätigt zu bekommen." Dieses Zitat hat die Autorin im Rahmen ihrer Recherche gelesen. Die Medienrezipienten mit ideologischen Schwarz-Weiß-Bildern zu konfrontieren, welche ihr überwiegend nicht fundiertes Bild fremder Kulturen bestärken, kann weder Aufgabe noch Anspruch des Auslandskorrespondenten sein. Im der Salman Rushdie-Affäre ist jedoch eine Polarisierung und Ideologisierung festzustellen. Weder tiefere Kenntnisse über das Rechtssystem im Iran oder die Inhalte des Koran noch über die eigentliche Diskussion, das eigentliche Thema in den islamischen Staaten fanden sich in der deutschen Presseberichterstattung wieder.

Der allgemeine Bürger hat kein fundiertes Wissen über fremde Kulturen und so kommt der Auslandsberichterstattung ein großes *Wirkungs-*, daraus resultierend aber auch *Möglichkeits-*Potential zu, das Bild fremder Kulturen in den Köpfen der Menschen entstehen zu lassen und zu formen.

Der Auslandsjournalist bekommt hier die Funktion eines „kulturellen Vermittlers".[46] Der Blick auf das Fremde birgt die Tendenz, eigene Wünsche und Ängste in das Bild anderer Kulturen mit einfließen zu lassen - das ist einfacher als das Verstehen des Komplexen, schürt aber Vorurteile und Missverständnisse.[47] Die Hauptaufgabe von Journalisten ist demnach, an den Urgrund von Konflikten heranzukommen und die Akteure, ihre Interessen und Strategien zu benennen.

Im der Salman Rushdie-Affäre hat sich gezeigt, dass die deutsche Presse ihre Möglichkeit zu einem verbindenden Kulturdenken nicht genutzt hat. Im Gegenteil, sie nutzte die Affäre zur Polarisierung im Sinne einer Annahme von Unverträglichkeit zwischen Islam und dem

---

[45] Hafez, K.: Das Nahost- und Islambild. S. 261-265.
[46] Zusammenfassung der Autorin aus mehreren Quellen.
[47] Cipitelli, C.: *Auslandsberichterstattung.* S. 9.

Westen. Der Konflikt hätte stärker in seinen politischen und sozialen Kontexten interpretiert werden müssen.[48]

Der Direktor der Stiftung „Zentrum für Türkeistudien" an der Universität Duisburg-Essen plädiert dafür, als „kultureller Vermittler" sollen die Auslandskorrespondenten in einen Dialog mit der anderen Kultur - hier mit dem Islam - treten. Trotz aller Appelle, nicht alle Muslime über einen Kamm zu scheren, wird seiner Meinung nach in der Öffentlichkeit unterschwellig eine weitgehende Geschlossenheit der islamischen Welt in ihrer Ablehnung der westlichen Gesellschaftsordnung unterstellt. Es müsse ein Dialog auf Augenhöhe stattfinden.[49]

In der Salman Rushdie-Affäre fehlte dieser Dialog gänzlich. Weder sahen die Journalisten auf den Diskurs in der islamischen Welt, woraus ersichtlich geworden wäre, dass „der Islam" nicht geschlossen hinter dem Todesurteil stand, sondern dass es darum ging, auszufechten, wie weit Blasphemie gehen darf. Weiterhin gab es wenige Diskussionen innerhalb Deutschlands mit Muslimen, die das Thema bereichern und ein anderes Licht auf die Diskussion hätten werfen können. Stattdessen wurde separat und „stillschweigend" sogar das Funktionieren einer multikulturellen Gesellschaft in Frage gestellt. Und das, ohne die andere (dargestellte) „Konfliktpartei" in den Diskurs einbezogen zu haben.[50]

Dabei hätte die Auslandsberichterstattung vermittelnde Elemente im Sinne eines synkretistischen Kulturkonzeptes darstellen können, die es durchaus gab. Die Frage des Umgangs mit Blasphemie ist auch in Europa - sogar in Deutschland immer wieder Thema. Die aktuellste Debatte um die MTV-Serie „Popetown", eine Sitcom, die Papst und Kirche satirisch darstellt,[51] zeigt deutlich, dass auch in Europa die Meinungsfreiheit bei christlicher Blasphemie immer wieder angefochten wird. Diese Parallelen und verbindenden Elemente wurden in der Berichterstattung zu Salman Rushdie jedoch nicht erwähnt.[52]

---

[48] Hafez, K.: Religionskriege. S. 76-78.
[49] Sen, Faruk: *Falsch gebürstet.* Kommentar im Tagesspiegel vom 10.03.2006.
[50] Zusammenfassung der Autorin aus mehreren Quellen.
[51] www.popetown.com (Zugriff 30.04.2006).
[52] Zusammenfassung der Autorin aus mehreren Quellen.

6.2 Möglichkeiten und Grenzen in der Auslandsberichterstattung

„Wenn mit journalistischer Qualität Quote zu machen wäre, dann sähe die Rolle der Medien in unserer Gesellschaft anders aus." Dieses Zitat stammt von Martin Zint, der dargestellte Möglichkeiten des Wissenschaftlers Robert Karl Manoff[53] anführt, wie journalistische Arbeit Konfliktverläufe positiv beeinflussen kann:

1. Konflikte präzisieren und definieren,
2. Einen Konsens zwischen den Konfliktparteien herstellen und
3. Konflikte analysieren

Bei allen gut gemeinten Konzepten sieht er die Grenze der Möglichkeiten aber bei dem wachsenden ökonomischen Zwang der Medien, z.B. Quotendruck.[54]

Wie in der Arbeit dargelegt, ist der Auslandskorrespondent von individuellen Einflüssen und Rollenmodellen geprägt, die auf seine Berichterstattung immer Einfluss nehmen können. Auch redaktionelle Zwänge wie Themenvorgabe, Schnelligkeit und mangelnde Nachhaltigkeit in der Berichterstattung begrenzen seinen journalistischen Handlungsspielraum. All dem kann er sich nicht entziehen.

Ein Berufsrollenmodell ist das des „Vermittlers zwischen Kulturen". Diese Rolle beinhaltet jedoch schon in sich, dass man von zwei verschiedenen Kulturen ausgeht. Die Berichterstattung im Sinne eines differentialistisches Kulturkonzeptes wäre damit schon vorausgesetzt.

Wo liegen dann die Möglichkeiten des Auslandskorrespondenten? Er hat die Möglichkeit, ja sogar die Aufgabe einer Interpretationsfunktion anderer Kulturen, d.h. er muss sich von Stereotypen und Vorurteilen frei machen und die andere Kultur übermitteln, so wie sie zu verstehen ist. Dabei kann er im Sinne eines synkretistischen Kulturkonzepts auf Gemeinsamkeiten aufmerksam machen; er kann Kulturen verbinden anstatt Konflikte zu schüren oder zu schärfen. Er kann in den Dialog treten (siehe Kap. 6.1.).[55]

Konkret könnten Lösungsansätze so aussehen:

---

[53] Robert Karl Manoff ist Wissenschaftler an der New Yorker University, beim Institut für Krieg, Frieden und Nachrichtenmedien.
[54] Zint, M.: Zur Rolle von Medien in Konflikten. S. 26-28.
[55] Zusammenfassung der Autorin aus mehreren Quellen.

- das Christentum nicht zum allgemein gültigen Maßstab machen
- andere Kulturen in ihrer Andersartigkeit gelten lassen
- in stärkerem Maße Übersetzungsarbeit leisten
- in Dialog treten, d.h. Korrespondenten ausländischer Medien stärker in die Auslandsberichterstattung mit einbeziehen
- die Nachrichtenvernetzung gerade über das Internet stärker nutzen[56]

Auslandsberichterstattung stößt an Grenzen, das wird deutlich. Aber selbst die Möglichkeiten innerhalb der Berichterstattung sind in der Salman Rushdie-Affäre nicht ausgeschöpft worden.

7. Der Journalist als Kultureller Vermittler?

Untersucht wurde in dieser Arbeit zunächst das Arbeitsfeld eines Auslandskorrespondenten, um dann die Arbeitsweise zwischen Anspruch und Wirklichkeit zu analysieren. Als praktisches Beispiel diente die Salman-Rushdie-Affäre. Jener wurde für seinen Roman „Die satanischen Verse" vom iranischen Staatsführer Ajatollah Khomeini wegen Blasphemie mit einer „fatwa" (islamisches Rechtsgutachten) zum Tode verurteilt. Basierend darauf entstand ein Kulturkonflikt zwischen dem westlichen Anspruch der Menschenrechte und dem islamischen Religionsempfinden. Es folgte eine Diskussion der vorangegangenen Ergebnisse auf die Vermittlerleistung in der Affäre und über die Grenzen und Möglichkeiten des Auslandsjournalisten allgemein.

Definiert wurde Kulturkonflikt als ein Konflikt, der aufgrund unterschiedlicher Kulturzugehörigkeit von Personen bei deren Interaktion entsteht.

Auslandsberichterstattung soll dem Medienrezipienten neben einem Überblick über das Weltgeschehen auch Orientierung für eine Einordnung der Ereignisse liefern. Ihre politische Aufgabe ist die der Völkerverständigung. Grenzen setzen dabei z.B. Quotendruck und gefordertes Informationstempo. Der Auslandskorrespondent muss „sein Land" verstehen, die Kultur vorurteilsfrei erfühlen. Seine Beobachtungen gilt es den heimischen Bürgern zu vermitteln. Eingang in die Berichterstattung finden oft nur Katastrophen und Krisen. Berichterstattung wird von persönlichen Einstellungen des Journalisten beeinflusst. Es finden sich häufig Annahmen einer festen Typologie der orientalistischen Kultur, die Rassismen fördern können. Will der Journalist seine individuellen Ideologien an den Rezipienten

---

[56] Schwanebeck, A.: *Die Welt im Wohnzimmer*. S. 24, 25.

18

vermitteln und gesellschaftlich relevant machen, wird er sich eines Berufsrollenverständnisses bedienen müssen. Diese Rolle kann als „neutraler Informant", „Mitgestalter in der Außenpolitik", „Repräsentant der Öffentlichkeit" oder als „Vermittler zwischen den Kulturen" verstanden werden. Gerade bei transkultureller Kommunikation werden ganze Kulturen zu Symboleinheiten, die der Journalist entschlüsseln und anschließend der heimischen Bevölkerung vermitteln muss. Er kann dabei von verschiedenen Kulturkonzepten ausgehen: Die essentialistische Definition sieht zwei verschiedene Kulturen, zwischen denen kommuniziert wird, die synkretistische Definition zeichnet Gemeinsamkeiten und Vermischung von Kulturelementen. Um ein Mindestmaß an Bedeutungsübereinstimmung zwischen Medien und Konsumenten zu sichern, arbeiten die Korrespondenten oft mit Stereotypen. Der Journalist als kultureller Vermittler hat eine deutlich höhere Wirkungsmacht als Journalisten im Lokalbereich, denn er vermittelt das Auslandsbild, zu dem die Menschen sonst keine Berührung haben.

Die Aspekte der Thematisierung in der Salman Rushdie-Affäre waren vielfältig; die Nachrichtenschwelle für alle in diesem Zusammenhang stehenden Ereignisse war niedrig. Auf das islamische Rechtsgutachten reagierte die deutsche Presse vor allem mit der Hervorhebung der Menschenrechte, verbunden mit dem Recht auf Meinungsfreiheit. Dabei war eine Tendenz zur Ideologisierung erkennbar, denn die Grenzen auch in Europa wurden nicht erwähnt. Zumeist war von einer generellen Unverträglichkeit des Islams und dem Westen zu lesen. Die öffentliche Diskussion in den islamischen Ländern selbst war hauptsächlich geprägt von der Forderung eines Publikationsverbotes der „Satanischen Verse", aber zugleich von einer Ablehnung des Todesurteils Khomeinis. Doch weder die öffentliche Meinung in den arabischen Ländern noch die eigentlich religiös motivierte Empörung fand in der deutschen Presse Beachtung. Die Korrespondenten verwendeten überwiegend die essentialistische Definition des Kulturbegriffs. Der islamische Wertekontext wurde in weiten Teilen der deutschen Presse aus einer lediglich allgemeinen Kenntnis des Islam und des Korans gebildet, nicht jedoch aus Dialogen mit Muslimen selbst. Die mediale Darstellung wirkte auf die Öffentlichkeit bis zu einer Diskussion über die Infragestellung der multikulturellen Gesellschaft.

Der Auslandskorrespondent kann Kulturen verbinden, indem er fremde Kulturen in ihrer Andersartigkeit gelten lässt und mit ihnen in einen Dialog tritt. In der Salman Rushdie-Affäre hat die deutsche Presse diese Möglichkeit *nicht* genutzt. Sie polarisierte im Sinne einer Annahme von Unverträglichkeit zwischen Islam und dem Westen. Ein Dialog zwischen den Kulturen fand nicht statt. Die Frage des Umgangs mit Blasphemie ist aber gerade auch in

Deutschland immer wieder Thema. Solche verbindenden Elemente wurden in der Berichterstattung jedoch *nicht* erwähnt.

Medien in Kulturkonflikten - Der Journalist als kultureller Vermittler? Die Affäre Salman Rushdie ist ein Beleg für die *Schaffung* eines konflikthaltigen Kultur- und Religionsbildes, nicht jedoch für eigene gelungene Vermittlerleistung des Journalisten zwischen Kulturen. Potential dafür hätte es gegeben.

8. Literaturverzeichnis

Bindig, Rudolf: *Medien als politischer Faktor im Tschetschenien-Konflikt.* In: Friedrich-Ebert-Stiftung: Medien im Konflikt - Mittäter oder Mediatoren? Internationale Konferenz. S. 91-94. Berlin, 11. Mai 2000.

Burkhart, Walter (Hrsg.): *Großes Universal Lexikon.* Schweinfurt : Schweinfurter Tagblattdruckerei, 1982.

Cipitelli, Claudia: *Auslandsberichterstattung im deutschen Fernsehen. Ein Überblick.* In: Claudia Cipitelli/ Axel Schwanebeck (Hrsg.): Nur Krisen, Kriege, Katastrophen? Auslandsberichterstattung im deutschen Fernsehen. Dokumentation der 21. Tutzinger Medientage. S. 9-12. München : Verlag Reinhard Fischer, 2003.

Galtung, Johan: *low road - high road.* In: track two, Vierteljahresschrift des   Centre   for conflict resolution and the media peace centre. Rondebosch,   Republik Südafrika : 1998.

Hafez, Kai: *Die politische Dimension der Auslandsberichterstattung. Band 1: Theoretische Grundlagen.* Baden-Baden : Nomos Verlagsgesellschaft, 2002.

Hafez, Kai: *Die politische Dimension der Auslandsberichterstattung. Band 2: Das Nahost- und Islambild in der deutschen überregionalen Presse.* Baden-Baden :   Nomos Verlagsgesellschaft, 2002.

Hafez, Kai: *Religionskriege in Reinform gibt es nicht.* In: Friedrich-Ebert-Stiftung: Medien im Konflikt - Mittäter oder Mediatoren? Internationale Konferenz. S. 75-80. Berlin, 11. Mai 2000.

Kleinsteuber, Hans J.: *Der Dialog der Kulturen in der Kommunikationspolitik.* In: Claudia Cipitelli/ Axel Schwanebeck (Hrsg.): Nur Krisen, Kriege, Katastrophen? Auslandsberichterstattung im deutschen Fernsehen. Dokumentation der   21.   Tutzinger Medientage. S. 145-189. München : Verlag   Reinhard Fischer, 2003.

Mikich, Sonia: *Geistige Provinzialisierung. Eine Zustandsbeschreibung.* In: Claudia Cipitelli/ Axel Schwanebeck (Hrsg.): Nur Krisen, Kriege, Katastrophen? Auslandsberichterstattung im deutschen Fernsehen. Dokumentation der 21. Tutzinger Medientage. S. 117-127. München : Verlag Reinhard Fischer, 2003.

Rushdie, Salman: *Die satanischen Verse.* Übersetzt aus dem Englischen. München : Droemersche Verlagsanstalt Th. Knaur, 1997 [Titel der Originalausgabe: „The satanic Verses". London, 1988.].

Schwanebeck, Axel: *Die Welt im Wohnzimmer.* In: Claudia Cipitelli/ Axel Schwanebeck (Hrsg.): Nur Krisen, Kriege, Katastrophen? Auslandsberichterstattung im deutschen Fernsehen. Dokumentation der 21. Tutzinger Medientage. S. 13-30. München : Verlag Reinhard Fischer, 2003.

Sen, Faruk: *Falsch gebürstet.* In: Tagesspiegel.10.03.2006.

Wagner, Martin: *Auslandskorrespondent/in für Presse, Radio, Fernsehen und Nachrichtenagenturen.* München : Paul List Verlag, 2001.

Zint, Martin: *Zur Rolle von Medien in Konflikten.* In: Friedrich-Ebert-Stiftung: Medien im Konflikt - Mittäter oder Mediatoren? Internationale Konferenz. S. 25-30. Berlin, 11. Mai 2000.

Links

http://www.chiark.greenend.org.uk/~owend/interests/islam/fatwa.html (Zugriff 30.04.2006).

http://www.justice-for-peace.org/allgemeine_menschenrechtserkl%C3%A4rung.htm (Zugriff 30.04.2006).

http://perso.uni-lueneburg.de/index.php?id=144 (Zugriff 13.04.2006).

http://www.popetown.com (30.04.2006).

http://www.wdr.de/tv/monitor.mikich.phtml (Zugriff 13.04.2006).

http://de.wikipedia.org./wiki/Salman_Rushdie (Zugriff 13.04.2006).